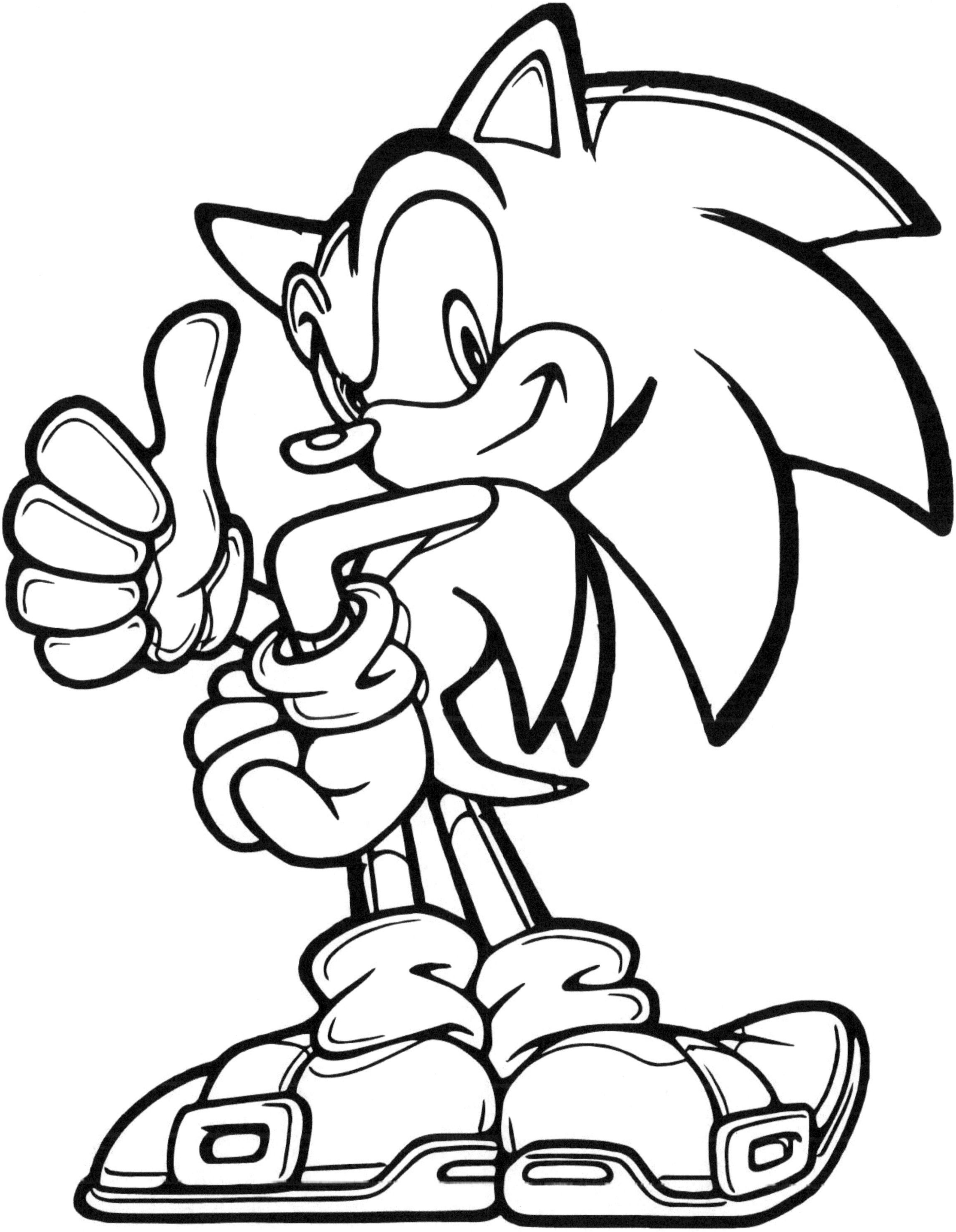

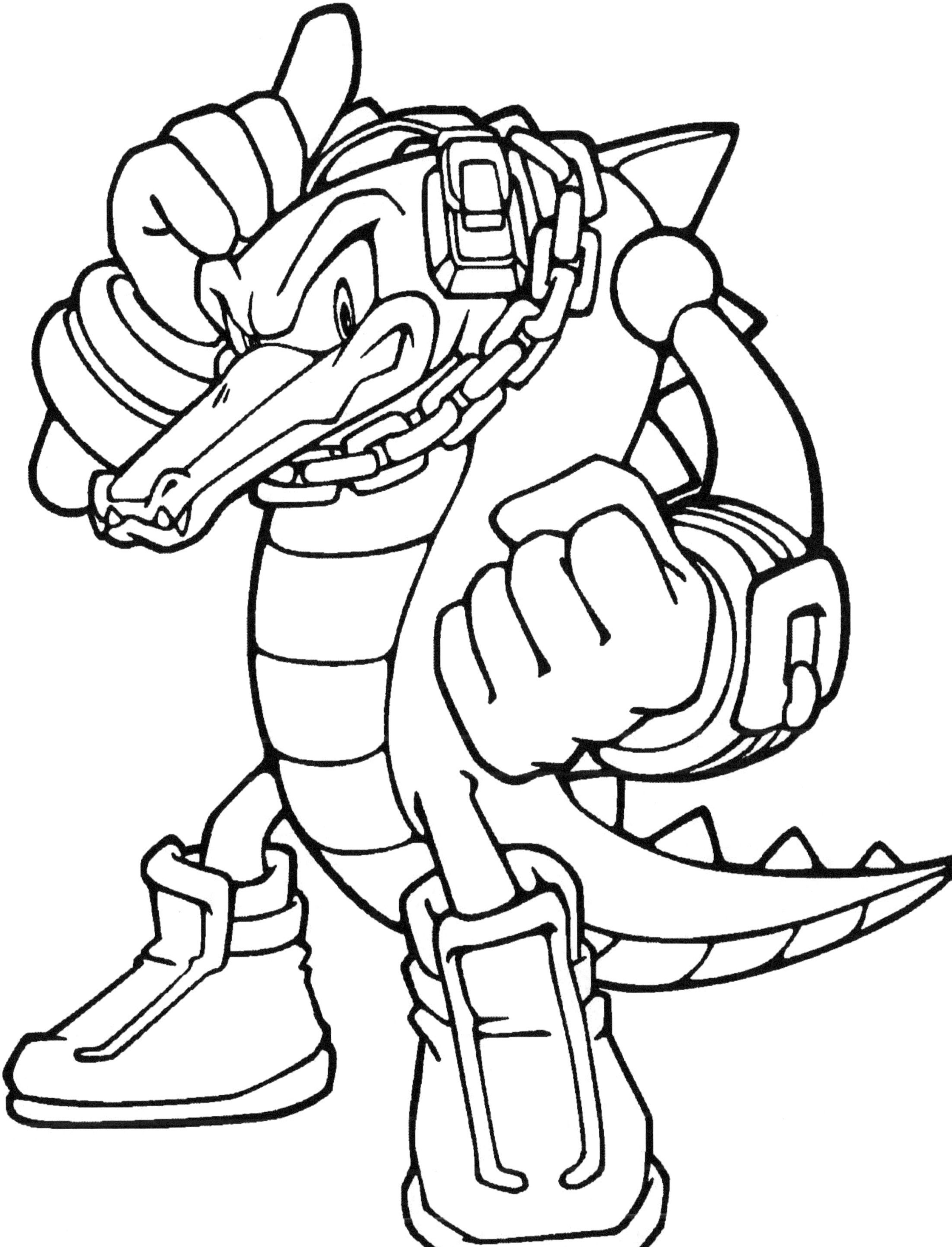

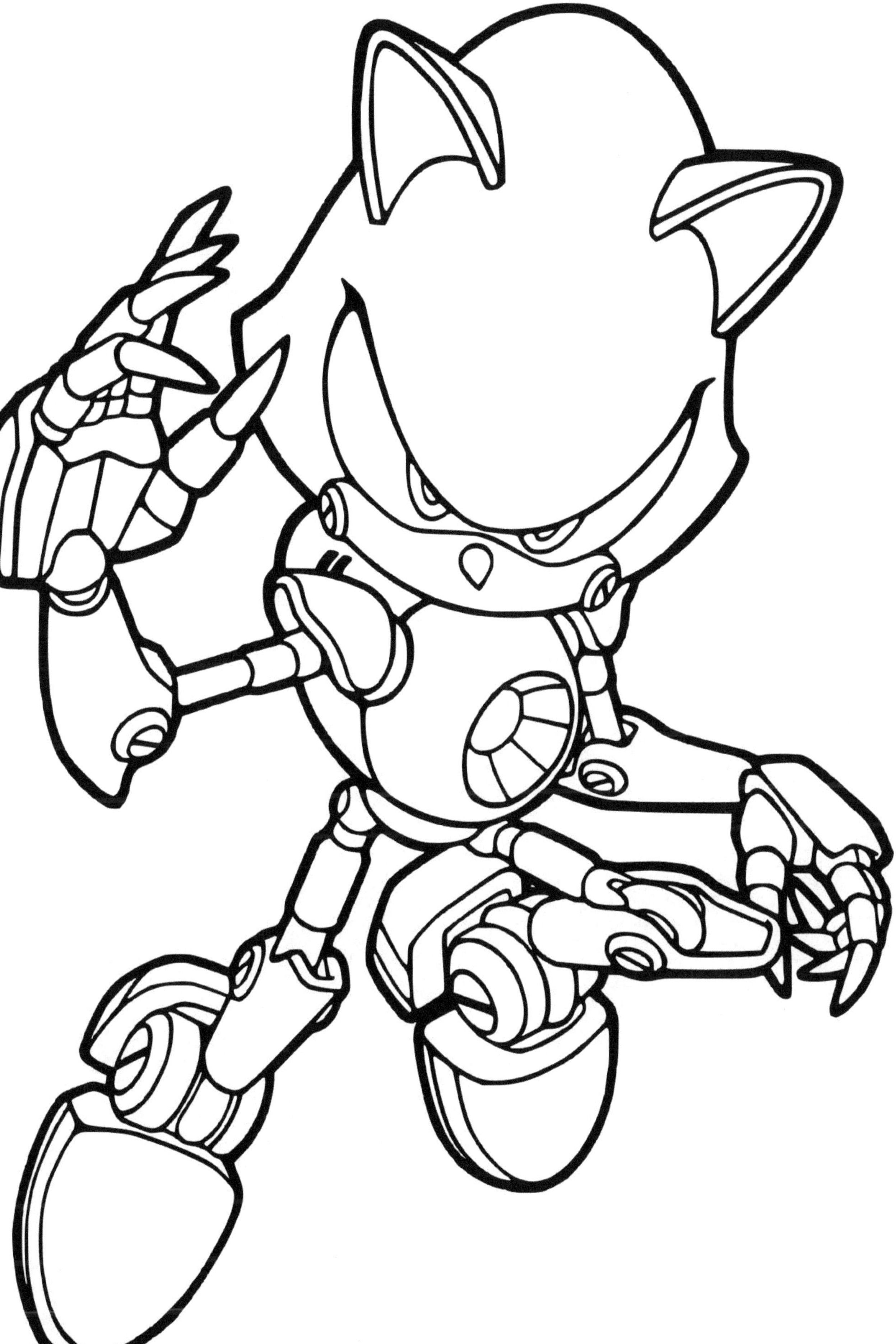

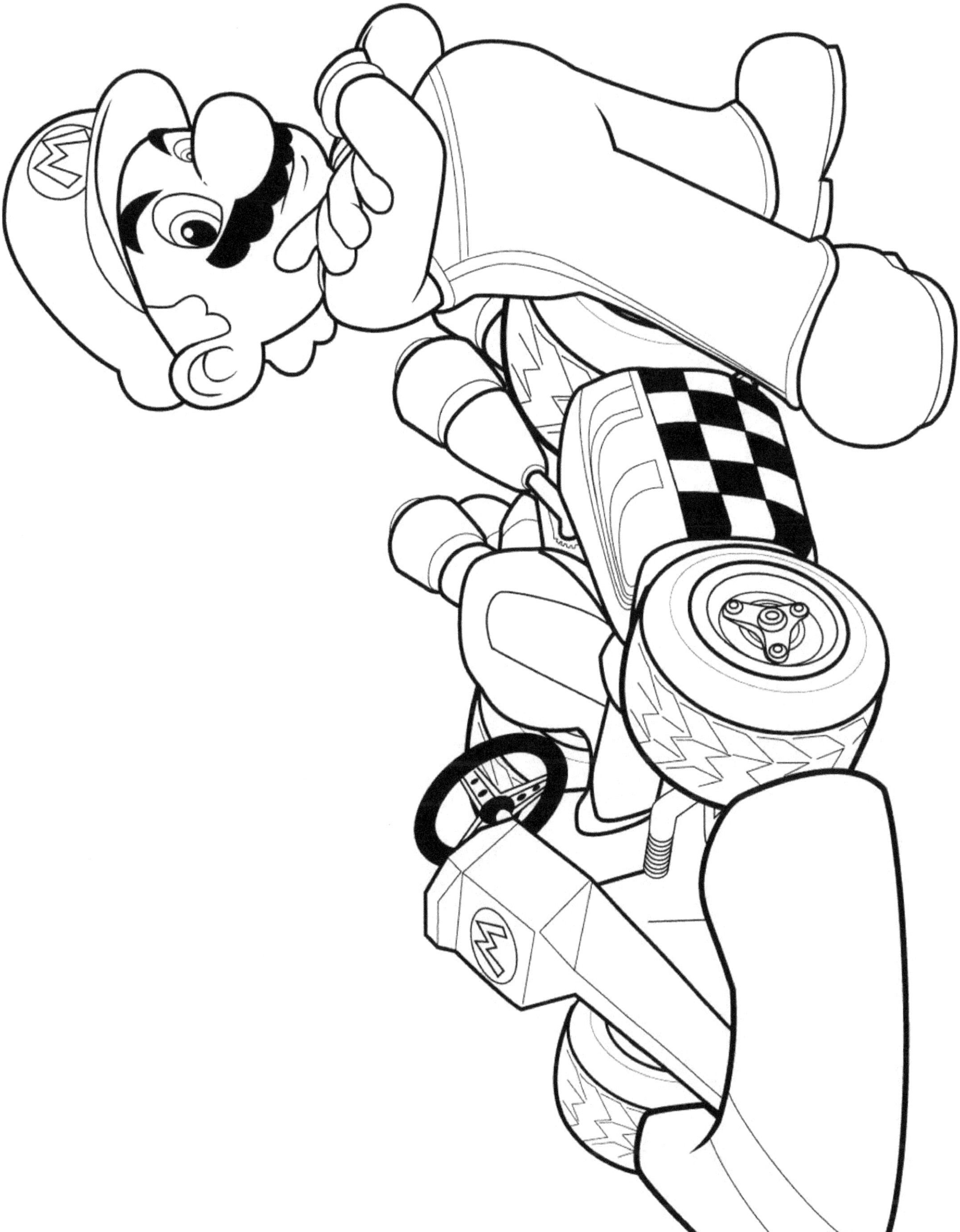

M

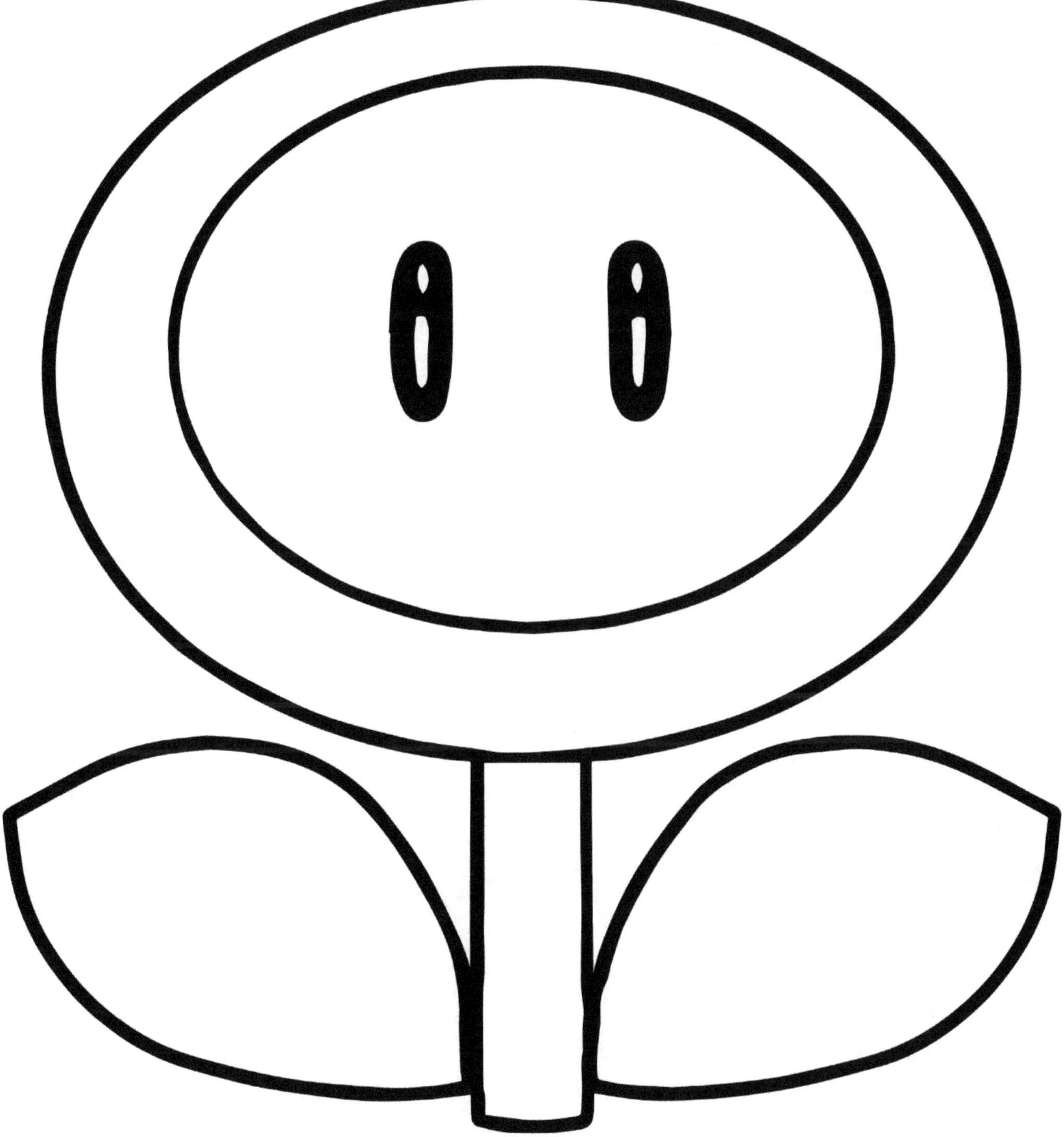

M

S

CPSIA information can be obtained
at www.ICGtesting.com
Printed in the USA
LVHW051052010419
612521LV00026B/746/P

9 781720 544395